I0117687

Jaulas

Primera edición: diciembre, 2016

Título original: *Kafas*
© Joumana Haddad, 2015
© de la traducción Hipatia Argüero, 2016

© Vaso Roto Ediciones, 2016
ESPAÑA
C/ Alcalá 85, 7º izda.
28009 Madrid

vasoroto@vasoroto.com
www.vasoroto.com

Grabado de cubierta: Víctor Ramírez

Queda rigurosamente prohibida, sin la
autorización de los titulares del copyright,
bajo las sanciones establecidas por las leyes,
la reproducción total o parcial de esta obra
por cualquier medio o procedimiento.

ISBN: 978-84-120271-7-4

Joumana Haddad
Jaulas

Obra en dos actos
Traducción de Hipatia Argüero

Vaso Roto / Ediciones

Prefacio

Cinco mujeres narran sus historias tras las rejas de sus respectivas jaulas; cinco mujeres del mundo árabe, pero que podrían provenir de cualquier lugar. Valientes, revelan sus cadenas, frustraciones e ira. Desde su posición de carcelero y confidente, el hombre las escucha y las provoca. Lama, la solterona; Zeina, la *niqabi*; Hiba, la prostituta; Yara, la lesbiana; y Abeer, la gorda, se desnudan por completo. La crudeza de su lenguaje es proporcional a la intensidad de su sufrimiento.

En el segundo acto la situación se revierte. Ahora es el hombre quien vive en un mundo de mujeres, sometido a su tiranía, discriminación y doble moral. ¿Es esta la solución? ¿Es así como las mujeres se liberan de sus jaulas o acaso es la humanidad entera la que está atrapada, más allá del género, raza, orientación sexual, riqueza, apariencia o dinámica estereotípica del poder? ¿En verdad los carceleros de este mundo son más libres que quienes viven en prisiones evidentes?

¿Acaso no es la jaula la metáfora perfecta para la condición humana? ¿Qué se necesita para escapar?

Originaria de Líbano, Joumana Haddad, prominente activista por los derechos de las mujeres, es una escritora, poeta y periodista multipremiada. Desde 2014, es anualmente seleccionada como una de las cien mujeres árabes más poderosas por su labor cultural y social. Dirige la sección cultural del periódico *AnNahar* y enseña escritura creativa en la Universidad Americana de Beirut. También es fundadora y editora jefe de la revista *Jasad*, una controvertida publicación árabe especializada en literatura y las artes del cuerpo.

Sus publicaciones más recientes incluyen *Yo maté a Sherezade: Confesiones de una mujer árabe furiosa*, su secuela *Superman es árabe. Acerca de Dios, el matrimonio, los machos y otros inventos desastrosos* y *El tercer sexo*, traducidas a más de una docena de idiomas.

JAULAS

Dedicada a mí misma:
de prisionera a carcelera,
liberada más tarde de ambas jaulas.

La libertad no es un trueque: la libertad es libertad.

ANDRÉ MALRAUX

La condición humana

El pájaro enjaulado canta
con un trino temeroso
de las cosas desconocidas
pero aun así anheladas
y su melodía se escucha
en la colina distante,
pues el pájaro enjaulado
canta sobre libertad.

MAYA ANGELOU

Y así, por las vías rueda
entreteniendo a la razón
el tren de juguete con cuerda
al que llamamos corazón.

FERNANDO PESSOA

ACTO PRIMERO

Personajes

EL HOMBRE, anónimo. De aproximadamente cincuenta años. Viste de negro.

LAMA, mujer soltera. La palabra «Solterona» está escrita sobre su frente. De aproximadamente sesenta años. Viste ropa casual.

ZEINA, *niqabi*. La palabra «Ninja» está escrita sobre su frente. De aproximadamente cincuenta años. Viste el atuendo islámico completo.

HIBA, prostituta. La palabra «Puta» está escrita sobre su frente. De aproximadamente cuarenta años. Viste un atuendo *sexy* y provocador.

YARA, lesbiana. La palabra «Marimacho» está escrita sobre su frente. De aproximadamente treinta años. Viste ropa casual.

ABEER, robusta. La palabra «Gorda» está escrita sobre su frente. De aproximadamente veinte años. Viste ropa casual.

Escenografía

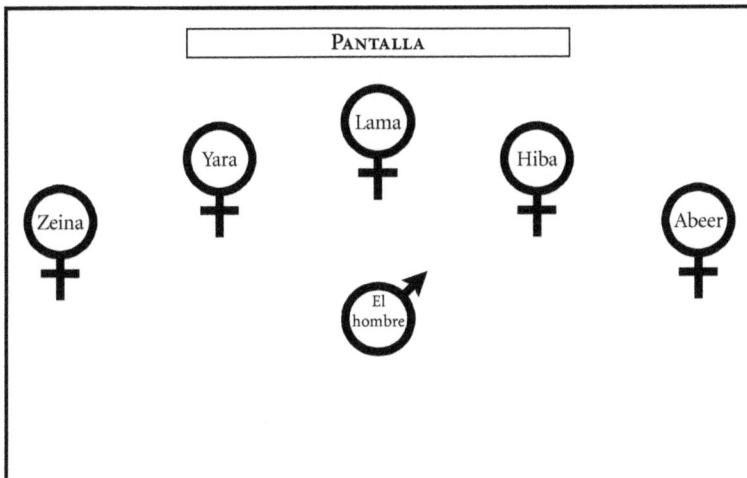

Las cinco mujeres están sentadas de frente al público en bancos altos de madera colocados en un semicírculo sobre el escenario. EL HOMBRE puede moverse libremente entre ellas.

Frente a cada mujer cuelga la puerta de una jaula, amarrada al techo con una cuerda. Las puertas tienen una pequeña ventana a la altura del rostro. Las mujeres abren dicha ventana cuando comienzan a hablar y la cierran al término de su intervención.

Hay cinco proyectores, uno para cada mujer. Cuando alguna habla, su respectivo proyector se enciende. El proyector se apaga después de que la mujer se calla. Un sexto proyector sigue al HOMBRE por el centro del escenario.

Se escucha la risa lejana de un bebé, después la voz de una mujer, LAMA, *quien tararea una canción de cuna. El telón se abre mientras canta. El escenario está oscuro. El proyector de* LAMA *se enciende al mismo tiempo que el del* HOMBRE (*se escucha que alguien enciende los proyectores.*) EL HOMBRE *le da la espalda a la audiencia y mira a* LAMA *de frente. Al principio no se ve a* LAMA, *solo se escucha la canción que canta, cuya primera línea repite como un mantra.*

De pronto, se escucha una cuenta regresiva, la cual se mezcla con el canto de LAMA. *El vídeo comienza a proyectarse en la pantalla* (*colocada sobre las dos terceras partes superiores del fondo del escenario, con el fin maximizar su visibilidad para la audiencia.*) *La película consiste en fragmentos de vídeos caseros de personas comunes y corrientes, celebraciones familiares, como cumpleaños, presentaciones escolares, bodas, graduaciones, excursiones, etcétera.*

EL HOMBRE *se mueve despacio hacia el lado derecho de* LAMA *mientras ella canta. La interrumpe abruptamente.*

EL HOMBRE (*con tono estricto*)
     ¿Nombre?

LAMA (*abre la pequeña ventana de su jaula antes de responder*)
     Lama.

EL HOMBRE

¿Estado civil?

LAMA

Soltera, pero comúnmente se nos llama «solteronas».

EL HOMBRE

¿Quién la trajo aquí?

LAMA

Nadie me trajo. Llegué por accidente. Me cansé de vivir allá. (*Señala la pantalla a sus espaldas con un movimiento de la cabeza sin voltear.*) Me cansé de inspirar lástima. ¿Alguna vez le han tenido lástima? Te hace sentir como si fueras polvo, polvo en los hombros de tu familia y amigos y de cualquiera a tu alrededor. Desean sacudirse de ti para olvidar que son más miserables que tú. Yo me sacudí a mí misma y vine aquí. Escuché que aquí a nadie le importan un bledo los demás. Me dije: déjame dejarlos solos. Así los libero de mí y me libero yo.

EL HOMBRE

¿Y se siente libre?

LAMA

Libre de sus miradas. Sí. Por mucho prefiero estar sola que dar lástima. Me criaron para algún día tener el vientre hinchado, pero mi vientre permaneció plano. Me criaron para algún día dormir junto a un hombre, pero mi cama sigue vacía. Cuando cumplí cuarenta y tres años comencé a llenar de almohadas el lado desocupado de la cama. Las cubría con una frazada y fingía que había alguien a mi lado. A veces, por las noches, frotaba mi cuerpo contra ellas y me corría con los ojos bien cerrados. Pero el problema era que después debía abrirlos y contemplar el engaño mirándome a los ojos, escupiéndome en la cara. Todas mis amigas se casaron y tuvieron hijos. Solían visitarme y quejarse: Dalal sobre su hijo travieso; Samar sobre su esposo exigente. Las escuchaba sin atreverme a decir nada. Pero cómo deseaba abofetear el rostro de Dalal y decirle: «¡Mujer estúpida! Tener un hijo travieso es un millón de veces mejor que no tener nada!». Y cómo deseaba hacer entender a Samar que un esposo quisquilloso es mejor que un útero podrido, en espera constante, como una bomba con temporizador. ¿Qué hago con esta jodida alarma entre mis muslos? ¿Qué hago con su eterno tictac? Tictac, tictac. No me importó cuando mi cabeza se cubrió de canas. Las teñí y me olvidé de ello. Pero cuando los vellos allá abajo (*señala su ingle*) también encanecieron, uno por uno, sentí como si un cuchillo me atravesara. Enloquecí y comencé a escuchar a los vellos burlarse de mí cada mañana mientras iba al baño para saber si su número había aumentado: «¡Idiota, despreciable y árida imbécil!». Llegó un punto en que me odiaba y a mi cuerpo aún más: este mismo cuerpo que me pidieron guardar para el señor príncipe azul. (*Ríe.*) ¡Príncipe azul mi culo! Desearía haberme prostituido; hubiera sido más digno que esta farsa del matrimonio que implantaron en mi cerebro, que me hicieron creer.

EL HOMBRE
Pero ahora los tiempos han cambiado. La gente ya no piensa de esa manera...

LAMA
Tengo sesenta y seis años, ¿no lo entiende? Sesenta y putos seis. No me hable sobre los tiempos cambiantes; no es más que una mentira. Hasta el día de hoy, la mayoría de las mujeres –sin

importar lo progresistas y exitosas que sean– aún prefieren casarse antes que ser solteronas y prefieren mimar a sus propios hijos que a los de sus hermanos o hermanas. Además, no crecí en una familia rica o educada. Crecí en una en la que el matrimonio se considera el destino natural de una niña; una que tilda a una mujer como yo de «solterona» y le tiene lástima a sus espaldas. Me creen inútil, un desperdicio de vida. Y yo apenas soy una de muchas en las mismas condiciones. Si no lo reconoce significa que se está mintiendo y también a ellas. Mi destino era ser salvada de la futilidad en brazos de un hombre, pero ninguno me ha salvado. Todo el tiempo me imagino desnuda en la calle, donde la gente observa mi dedo sin anillo como si fuera un insulto. Verá, soy cobarde. Lo peor es que adonde quiera que voy la gente me llama señora antes de notar que no hay un anillo en mi maldito dedo y entonces cambian a señorita. (*Ríe frustrada.*) ¿Entiende? Soy la señorita Lama. (*Repite señorita insistentemente, alargando la i.*) Dígame, ¿por qué en casi todos los idiomas existe un título especial para denominar a una mujer soltera cuando al hombre siempre se le llama señor? ¡Prueba de que incluso el lenguaje es sexista!

EL HOMBRE (*interrumpiéndola*)
¿Hasta dónde ha llegado en sus estudios?

LAMA
Terminé el noveno grado y decidí parar. Junté mis palmas y esperé. (*Comienza a tararear la marcha nupcial burlona.*) Pero ¿qué cree?: ningún novio se apareció. El único que llegó fue nuestro vecino viudo, Naïm. Cuando pidió mi mano en matrimonio yo tenía diecinueve y él cuarenta y tres. Me reí en su cara. ¿Cómo se atreve? Pero ahora me doy cuenta de que casarme con Naïm hubiera sido mejor que esta situación de mierda, a pesar del olor a naftalina que emanaba de él y su ridículo

corte de cabello; era demasiado tacaño como para gastar en un peluquero. Ahora dígame, estimado señor, ¿está usted casado?

EL HOMBRE (*ignorando su pregunta*)
  ¿Trabaja?

En este punto, la segunda mujer, ZEINA, *comienza a tararear una canción. El volumen de su voz aumenta conforme* LAMA *habla.*

LAMA
  Trabajé veintiséis años como secretaria en la oficina de Correos. Durante todo ese tiempo jamás recibí una sola carta. Resulta hilarante, ¿no? En algún momento incluso deseé que mi jefe me acosara sexualmente. En ese instante supe que debía irme. Intenté trabajar de supervisora en una escuela cercana, pero no podía soportar el ruido de los niños. Los odiaba. Los odiaba por no ser míos. También odiaba a sus padres, a sus abuelos, a toda su...

De pronto, se escucha el sonido del proyector de LAMA *apagarse. Deja de hablar de inmediato, como si hubieran apagado su voz. Cierra la ventana de su jaula. Se escucha el sonido de un cerrojo. El proyector de* ZEINA *se enciende.*

EL HOMBRE (*se dirige a* ZEINA *interrumpiendo su canto*)
  ¿Nombre?

ZEINA (*abre la pequeña ventana de su jaula antes de responder*)
  Zeina.

EL HOMBRE
  ¿Estado civil?

ZEINA

Niqabi. Pero puede llamarme *ninja.* Así me dicen a mis espaldas.

La proyección en la pantalla se hace más estrecha, una franja angosta entre dos barras negras horizontales, como si se viera a través de los ojos de ZEINA.

EL HOMBRE

¿Por qué abandonó el mundo exterior?

ZEINA

¿El mundo exterior? (*Ríe.*) ¡Despierte, hombre! Nunca he vivido en el exterior. Siempre he vivido dentro. Incluso cuando caminaba por las calles estaba dentro. El exterior no existe para mí. Lo he visto, pero él jamás me ha visto a mí.

LAMA (*interrumpe a* ZEINA *y se dirige al* HOMBRE)

No contestó mi pregunta: ¿está casado?

EL HOMBRE (*hace caso omiso de* LAMA *y se concentra en* ZEINA)

¿Qué hace aquí?

ZEINA

Aquí..., allá... ¿Cuál es la diferencia? Lo único que tengo permitido es esperar la muerte; es decir, en verdad, desaparecer. En ese momento me envolverán en una sábana blanca en lugar de la negra que visto ahora. Negra..., blanca..., da lo mismo. Ya me enterraron viva. Me robo el aire como una ladrona; lo robo y me siento culpable, como si no tuviera derecho a respirar. ¿Alguna vez ha intentado vestir así? (*Señala su ropa.*) Es un féretro. Siempre dicen que soy la vergüenza, *awrah:* mi cuerpo, mis manos, mi cabello, mis labios..., incluso mi voz es vergüenza. Además de todo, debo esconderme y callarme para evitar que me vean o me escuchen, para evitar que cometan un pecado. La tentación es suya, el castigo, mío. Me han sofocado desde los once años. Me convertí en una bolsa negra de basura. En ocasiones, cuando veo al basurero recolectando los desperdicios de la casa, me siento como una de esas bolsas. ¡Once años! ¿Puede siquiera imaginar qué significa? A sus ojos, tan pronto como llegó mi menstruación me convertí en una «mujer», es decir, en obscenidad pura. Una «mujer», dijeron, cuando aún jugaba con muñecas, cuando ignoraba todo esto. Todavía me hablan de justicia divina: ¿de qué tipo de justicia se trata exactamente? ¡Dicen que es la voluntad de Dios! Pero déjeme decirle algo: ¡ya quiero morir para acercarme a este dios torcido y decirle lo que en verdad pienso de él!

EL HOMBRE (*gritándole*)
¡Calla, infiel ingrata!

ZEINA
¿Infiel? ¿Yo? Si este dios del que hablan en verdad existe, él sería el infiel de la ecuación. ¿Cómo puede haber un dios cuando hay tanta injusticia en el mundo? Si existe debería avergonzarse. Dicen que es piadoso, pero los bebés aún mueren de hambre y en la guerra como moscas. Dicen que es un símbolo de amor y tolerancia, pero sus defensores cometen terribles crímenes en su nombre. Además, ¿qué clase de dios es tan mezquino como para juzgar mi manera de vestir, los lugares adonde voy, con quién hablo, por qué no debo amar a un hombre y por qué debo casarme con tal otro? ¿Acaso es un chiste? Ojalá este dios descendiera de su torre de marfil para ver a mi padre tratarnos a mí y a mi madre como a cerdos. Para que observara a mi esposo repugnante mientras me obligaba a tener sexo después de usar su ordenador para ver

pornografía en secreto. Él creía que yo no lo sabía. Pero en su ausencia veía las mismas películas y deseaba poder sentir el mismo placer expresado por la mujer de la pantalla, al menos una vez. Sé que se trata de una mera actuación, pero hasta la satisfacción falsa es mejor que lo que él me daba. Mis sentimientos nunca le importaron. Solía voltearme sobre mi vientre para tomarme como a un perro, penetrarme y quedarse dormido de inmediato después de eyacular. Al terminar me lavaba con jabón antibacterial, pues sentía su saliva dentro de mí como un microbio y necesitaba desinfectarme. ¡Asqueroso de mierda!

HIBA (*la tercera mujer desde su lugar en la oscuridad, en tono lascivo*) Déjela, hombre, y venga aquí. Ella es un mal augurio. Yo no chillo como ella: mi deber es escucharlo y complacerlo. Acérquese...

ZEINA (*enojada*)
¡Cállate, bruja! (*Al* HOMBRE.) Pídale que se calle y me deje hablar, las palabras son lo único que me queda.

HIBA *comienza a cantar para irritar a* ZEINA. *El volumen de su voz aumenta gradualmente mientras* ZEINA *habla.*

EL HOMBRE (*aún dirigiéndose a* ZEINA)
¿Y se siente libre aquí?

ZEINA
¿Libre? ¿Es un chiste? Nadie es libre. Ni aquí ni allá. Ni yo, ni usted, ni ellas. Nuestra esclavitud nos hace iguales. Todos estamos en el matadero, esperando nuestro turno para el sacrificio. ¿Cree que la mujer que muestra sus senos en el

comercial de lencería es libre? Ella también está sometida a la mirada del hombre, incluso sin saberlo o si lo niega. Se ha programado para pensar que es lo que ella quiere, pero es lo que él quiere, y así debe comportarse. Su cuerpo es un pedazo de carne, el cual utiliza para sobornar al hombre. ¿Qué clase de libertad es esa? Mi padre, mi hermano, mi esposo, ¿cree que son libres? Son rehenes; rehenes de su propio miedo. Si no fuera por este miedo no me tratarían así. Si mi padre no me temiera no me hubiera casado cuando le rogué que me permitiera seguir estudiando. Si mi hermano no me temiera no me hubiera seguido a todos lados, aparentando proteger el honor familiar. Mi esposo tampoco: si no me temiera, no me habría golpeado y violado todos los días para dominarme. Cobardes ellos y el dios que usan de pretexto. Soy una prisionera, ellos son prisioneros y Dios también. Pero mi cárcel es un millón de veces mejor porque...

De pronto, se escucha el sonido del proyector de Zeina *apagarse. Deja de hablar de inmediato, como si hubieran apagado su voz. Cierra la ventana de su jaula. Se escucha el sonido de un cerrojo. El proyector de* Hiba *se enciende. El formato del vídeo de nuevo cubre la pantalla completa.*

El hombre (*se dirige a* Hiba *e interrumpe su canto*)
    ¿Nombre?

Hiba (*abre la pequeña ventana de su jaula antes de responder*)
    Hiba. Pero me puede llamar como quiera. (*Ríe de manera vulgar.*)

El hombre
    ¿Estado civil?

HIBA

Prostituta. Pero también puta, ramera, fulana, buscona, zo-rra, perra, golfa, lo que sea... (*Sarcástica.*) Verá, la riqueza del lenguaje es inagotable cuando se trata de nombrar la carne en venta.

EL HOMBRE

¿Cuál es su problema, Hiba?

HIBA

¿Quién dice que tengo un problema? Estoy aquí para contar mi historia y nada más...

LAMA (*le grita al* HOMBRE *de nuevo*)

¡Vamos! ¡Respóndame, por el amor de Dios? ¿Es soltero? ¿Se casaría conmigo?

ZEINA

Joder, cállate ya. No entiendo por qué ansías tanto casarte. Te voy a explicar qué significa que un hombre te abra como a un refrigerador, te devore a sus anchas como una hiena y luego cierre la puerta para dejarte sola en el frío...

EL HOMBRE (*a* ZEINA *y* LAMA)

¡Cállense ya! (*a* HIBA.) Continúe, cuéntenos su historia.

Se escucha la versión de André Rieu del Vals número 2 *de Dimitri Shostakovich.* LAMA *y* ZEINA *se levantan de su asiento y rodean sus respectivas puertas. Se encuentran en el centro del escenario y comienzan a bailar juntas. De vez en cuando se escucha que ríen y susurran.*

HIBA

Había una vez una pequeña niña... tan bella como la luna... nacida en un cubo de basura. Un basurero llamado pobreza, llamado miseria, llamado ignorancia. Creció con una madre negligente y un padre preocupado solo por su botella de whisky barato, para mantenerse fuera de sí, ciego ante la mierda a la que había llevado a su familia. Les pregunto: ¿por qué esa gente se casa y tiene hijos? Se follan unos a otros y joden nuestras vidas. ¿No sería mejor castrarlos? Mis hermanos y hermanas y yo somos víctimas de sus crímenes. Tuvieron siete hijos. ¡Siete! Ni mi padre sabía usar un condón, ni mi madre sabía cómo cerrar sus piernas y mandarlo al carajo, ni siquiera tomar anticonceptivos. Cada vez que se quedaba embarazada decían: «No pasa nada; a cada uno su suerte en la vida». Pues, adivinen qué, tenían razón. Yo nací con una hermosa suerte. (*Lascivamente.*) ¿Quiere saber cuál fue mi suerte, querido señor?

El vals se detiene abruptamente. LAMA *y* ZEINA *regresan en silencio a sus respectivos lugares.*

EL HOMBRE

¿Cuál fue su suerte? Ilumíneme.

HIBA (*señalando su ingle*)

¡Este orificio! Una máquina de dinero. No podría haber pedido algo mejor. Tenía dieciséis años la primera vez que descubrí el poder de mi «suerte». Sucedió cuando estaba en la carretera esperando el autobús. Un hombre en un BMW destartalado se detuvo frente a mí y preguntó: «¿cuánto?». Al principio no entendí. Pero luego sacó un billete de cien dólares de su bolsillo y lo sacudió ante mis ojos, así que descifré sus intenciones. Estaba decidida a comprarme un par de zapatos que costaban eso exactamente. Me dije: «¡Pero qué oportuno!». Me subí al coche sin más presentaciones. Ahora, dígame, ¿no era mejor este cliente que mi tío, quien durante tres años había abusado de mí mientras mis padres fingían demencia porque el bastardo dejaba a mi padre trabajar con su taxi? En fin, el tipo del BMW me llevó a un motel barato. Se abalanzó sobre mí como alguien que lleva diez años muriendo de hambre. Después me pagó y me llevó a casa. Fue muy amable, lo juro. La gente cree que los hombres que contratan prostitutas son inmorales, pero les diré la verdad: todos los hombres inmorales que he conocido en mi vida provenían de otros círculos. Como el hombre que reza cinco veces al día y viola a la empleada doméstica o el que asiste a la iglesia cada domingo y se comporta como un ángel, pero cada noche se transforma en un monstruo y golpea a su esposa. Ni hablar de aquellos que predican virtud y jamás dejan a una mujer en paz. En cambio, los que contratan prostitutas, bueno, al menos son honestos. Los negocios son eso, negocios.

El hombre

Pretende hacerse pasar por heroína, ¿verdad? ¿No preferiría haberse mantenido casta y haber encontrado otro trabajo para salvaguardar su dignidad?

Hiba

¿Casta? En realidad, no. Nada me obliga a mentirles o a hacerme la víctima. Me considero afortunada. Pensemos en Zeina, por ejemplo: su esposo la forzaba a tener sexo con él y no le pagaba un solo centavo. Era una puta gratuita y contra su voluntad. Muchas mujeres viven así; ya no soportan a sus esposos, tal vez nunca lo hicieron y no se atreven a pronunciar una palabra. Su tarea es abrir las piernas y nada más. Les dijeron que era su deber marital. Yo no tengo deberes, solo transacciones. Además, ¿qué es la castidad? ¿Qué es la dignidad? No se puede creer todo lo que una mujer dice en voz alta. Son apenas frases publicitarias basadas en la negación para salvar su reputación. La diferencia entre ellas y yo es que a mí no me importan las apariencias. Algunas mujeres intentan esconder su sufrimiento; yo aúllo cuando algo me duele. Al final, todo eso de la dignidad es una mentira, una máscara para ocultar la verdad interior. ¿Acaso un insulto envuelto en una hermosa caja de regalo es mejor que una afrenta directa? Es lo mismo. ¿No me creen ambiciosa? Solía tener ambiciones, pero las sofocaron, desbarataron y resquebrajaron. Todos los días una nueva célula moriría hasta no dejar nada más que un cadáver. En ese momento las enterré y decidí olvidarlas. Además, no continué mi educación. Odiaba la escuela y las tareas y me acostumbré a depender de los talentos de mi cuerpo.

En ese momento, Yara, *la cuarta mujer, comienza a tararear una canción. El volumen de su voz aumenta conforme* Hiba *habla.*

El hombre (*aún concentrado en* Hiba)
Dígame, pues, ¿siente placer cuando está en la cama con un hombre?

Hiba
En ocasiones. No siempre, pero con bastante frecuencia, sí. Me encanta cómo babean al admirar mi cuerpo y sus promesas. Algunas veces me abofetean en la cara, como cuando me enamoré de uno de ellos. En ese entonces aún era muy ingenua. Dijo amarme y le creí. Ya no soportaba que otros me tocaran y me ofendía cuando intentaba pagarme. (*Añade riendo.*) ¡Cuán tonta puede ser una chica! Un día desapareció en la nada y, desde entonces...

De pronto se escucha el sonido del proyector de HIBA *apagarse. Deja de hablar de inmediato, como si hubieran apagado su voz. Cierra la ventana de su jaula. Se escucha el sonido de un cerrojo. El proyector de* YARA *se enciende.*

EL HOMBRE (*se dirige a* YARA *e interrumpe su canto*)
    ¿Nombre?

YARA (*abre la pequeña ventana de su jaula antes de responder*)
    Yara.

EL HOMBRE
    ¿Estado civil?

YARA
    Lesbiana. Significa que amo a las mujeres. Como usted.

EL HOMBRE
    Desviada, quiere decir.

YARA
    ¿«Desviada» en relación con qué? ¿Con base en qué estándares y en las reglas de quién? Mírese, usted también ama a las mujeres y no se considera desviado.

EL HOMBRE
    ¿Sufrió un trauma de niña? ¿Consultó a un doctor? ¿Abusaron de usted?

YARA
    Para nada. Ni trauma, ni abuso, ni nada. Y déjeme decirle, antes de que comience a jugar al doctor Freud conmigo, que no odio a mi padre ni sufro complejo ninguno y, sobre

todo, que tuve una infancia feliz. En resumen, soy «normal». Jamás podrá encontrar a alguien más normal. No me gustan las mujeres porque quiera huir de los hombres; y no me gustan las mujeres por inmoral o degenerada. Me gustan porque me gustan, punto. ¿Por qué la gente busca justificaciones? No sufro un trastorno psicológico, ni uno sexual o fisiológico, si a esas vamos. Por supuesto, entiendo que algunas personas enfrentan circunstancias que las empujan a la homosexualidad, pero apenas representan un diez por ciento. ¿El resto? Es su naturaleza, una inclinación innata, presente desde el momento de salir del útero de sus madres. ¿Está claro? ¡Demasiadas generalizaciones estúpidas! No soy lesbiana para encabritarlo a usted ni a otros. Y, aunque folle con un hombre «real», no me voy a «curar». No soy una enferma, ni mi orientación es una pose, ni una decisión, ni un reto. Es una preferencia natural, cuya existencia se remonta a los inicios de la humanidad. ¿Cree que disfruto cuando las personas fruncen el ceño al descubrir quién y qué soy? ¿Cuando escucho a la gente pensar: «¡Esa pobre chica!»? ¿Acaso vivo contenta sin atreverme a decírselo a mis padres? Solo mi hermana mayor lo sabe, pero desde entonces no me soporta. No tuve otra opción, se lo dije porque me estaba volviendo loca presentándome a los amigos de su esposo, uno tras otro: «Este es un gran partido; este otro te tratará como a una reina; etcétera». Patrañas. Solo me siento como una reina cuando mi cabeza descansa sobre el pecho de mi novia, cuando ella me sostiene con fuerza entre sus brazos.

EL HOMBRE (*atento*)
Descríbame qué cosas hacen juntas.

YARA

Dígame algo: ¿me hubiera preguntado lo mismo si fuera un hombre gay? Todos son iguales. Se calientan al ver a dos mujeres pasando sus lenguas la una sobre la otra, pero no soportan la idea de dos hombres besándose. Y, en caso de soportarlo, o incluso considerarlo excitante, jamás lo admitirían, pues temen que alguien cuestione su sagrada virilidad. Se irritan, los insultan o se burlan de ellos y, en el mejor de los casos, los ignoran o les tienen lástima. ¡Ahora déjeme en paz! Vaya a masturbarse fantaseando con la vida privada de otros.

EL HOMBRE (*a la defensiva*)

Tanta agresividad no es necesaria.

YARA

No soy agresiva, ni masculina, ni nada por el estilo. Todos piensan que una lesbiana es un hombre sin la polla y las pelotas. Para que lo sepa: existen lesbianas más femeninas que todas las mujeres con quienes usted se ha acostado a lo largo de su vida. Incluso aquellas tildadas de masculinas aprecian la feminidad mucho más que todos los hombres de la Tierra. Ya basta con las etiquetas; las coloca sobre la gente para sentirse cómodo: marimacho si lleva el cabello corto y viste pantalones, maricón si su voz es aguda y suave. ¡Son tan patanes! Amo a una mujer; amo su cerebro, su cuerpo y su corazón. Adoro verme reflejada en ella y verla reflejada en mí. Táchelo de narcisismo, si quiere. Cuando beso sus labios siento como si besara los míos. Acaricio su cabello y tiemblo cual hoja, como si tocara el cabello de la hija que nunca tendré. Al colocar mi mano o mi lengua entre sus muslos me siento en casa. Y, cuando hablamos, no necesito dar explicaciones, ni temo enfrentarme a un malentendido: ¿Alguna vez ha visto un río incapaz de comprender el mar donde fluye? Mi mujer es mi madre, mi hermana, mi amiga, mi amante y mi diosa. Es todo de lo que carezco y que solo puede completarse con ella. Una vez me follé a un hombre y experimenté un distanciamiento tan doloroso..., incluso a pesar de que él poseía todo lo que una mujer desearía en un hombre. Sin embargo, no fuimos compatibles.

En ese momento, ABEER, *la quinta mujer, comienza a tararear una canción. El volumen de su voz aumenta conforme* YARA *habla.*

EL HOMBRE (*aún concentrado en* YARA)
Debió seguir intentándolo o buscar la ayuda de un experto...

YARA
¿Experto en qué? ¿Por qué «debería» seguir intentándolo? ¿Por qué obligarme a hacer algo que no me corresponde? ¿Para tranquilizar a la gente como usted? El problema es suyo, no mío. Busque tratamiento para usted en lugar de querer tratarme a mí. ¿O se trata más bien de satisfacer a Dios y seguir sus reglas? Resolveré mis asuntos con Dios de manera directa; no requerimos su intervención. ¿Acaso es un asunto de matrimonio y reproducción? Nada de eso me interesa. ¿O es para evitar manchar la reputación de mi familia? De nuevo, ¿por qué debería yo pagar el precio de su cobardía? Además, ¿qué les importa? ¿Los hemos molestado o lastimado de alguna forma? ¡Ustedes consideran nuestra mera existencia una ofensa, una afrenta, una agresión! Pero cuando llega la hora de dar discursos conciliadores, sobresalen al hablar de derechos humanos, respeto y todas esas cosas absurdas y vacías para apaciguar su conciencia. Entre quienes defienden los derechos de las personas homosexuales –porque está muy de moda en estos días, claro–, la mitad

tendría un infarto si se enterara de que uno de sus propios hijos es homosexual. He conocido todo tipo de personas. Están los que me odian de antemano. Me odian porque soy diferente o porque tienen miedo de ser como yo y no querer admitirlo. Luego están las mujeres que, literalmente, se aterran ante mi presencia, imaginan que las voy a atacar y a violar. Piensan que todos los homosexuales son pervertidos enfermos. Y no podemos olvidar a quienes rezan e imploran por una cura, aunque yo no soy la enferma en este caso. La sociedad es la enferma, por no decir la injusta, engañosa e hipócrita. Por último, están aquellos que me aconsejan entrar en razón y cambiar «por mi propio bien». ¡Que se concentren en sus asuntos y me dejen en paz! Quiero vivir, respirar y amar a mi manera, no a la suya, ni a la de usted.

De pronto, se escucha el sonido del proyector de YARA *apagarse. Deja de hablar de inmediato, como si hubieran apagado su voz. Cierra la ventana de su jaula. Se escucha el sonido de un cerrojo. El proyector de* ABEER *se enciende.*

EL HOMBRE (*se dirige a* ABEER *e interrumpe su canto*)
  ¿Nombre?

ABEER (*abre la pequeña ventana de su jaula antes de responder*)
  Abeer.

EL HOMBRE
  ¿Estado civil?

ABEER
  Gorda. Cerda. Marrana. Tonel. Manteca. Obestia. Todas esas palabras sirven para describirme.

EL HOMBRE

¿Quién la llama así?

ABEER

La mayoría de la gente, pero en secreto. Solo mi madre me las dice a la cara. (*En tono sarcástico.*) Según ella, lo hace «por mi propio bien», para incitarme a bajar de peso.

EL HOMBRE

¿Puedo asumir que odia su cuerpo?

ABEER

¿Lo amaría usted si fuera el suyo? Cuando era niña, la gente me llamaba camotito o calabaza. Me pellizcaban las mejillas; pensaban que era linda. Ahora ya nadie piensa eso, ni siquiera yo. Cada vez que me miro al espejo me enojo conmigo misma, entonces como para vengarme. Mientras más me enojo más como; mientras más como, subo más de peso; y a la vez que mi peso aumenta, mi ira también. Mi madre me llevó con los mejores dietistas del país, pero fue en vano. Cuando cumplí catorce años cerraba la puerta de la cocina con llave antes de salir de la casa para evitar que comiera en su ausencia. Tan pronto como se iba, corría a la tienda de golosinas y compraba chocolates y papitas y me atiborraba deprisa, como si fuera una criminal, antes de su regreso. Un día me atiborré tanto que me dieron ganas de ir al baño de inmediato. No podía usar el retrete porque estaba detrás de la cocina y la puerta estaba cerrada. No sabía qué hacer, entonces me paré de cuclillas sobre una bolsa de nailon y cagué. Después tiré la bolsa desde la ventana de mi habitación. No sé en qué cabeza miserable aterrizó. Hasta el día de hoy me es imposible olvidar esta escena y la inmensa repugnancia que sentí hacia mí misma.

EL HOMBRE

¿Cree que su madre tiene la culpa?

ABEER

Las dos tenemos la culpa: ella no podía amarme tal como
era, y yo tampoco. Siempre me comparaba con mis amigas:
«Mira qué bonita y delgada es Rima; mira el hermoso cuerpo
de Ruba»... Cada comentario de ese estilo me hacía comer
más. Solía esconder una hogaza de pan en mi cama y de-
vorarla por las noches, bajo los cobertores. Masticaba lento
para que no me escuchara. No puede imaginarse cuánto la
odiaba, y creía que mi venganza era comer. Pero, la verdad,
mi venganza era solo a costa mía. Ahora la entiendo. Quería
asegurarse de que no me convirtiera en la mujer que soy.
Temía que ningún hombre me quisiera. Pero su método era
incorrecto. No sabía lo que pasaría.

EL HOMBRE

¿Cómo eran sus relaciones con los hombres?

ABEER

¿Relaciones con hombres? (*Ríe.*) ¿Qué relaciones y qué hombres? ¿Cree que se giran para mirarme? Peso ciento veinte
kilos y nadie nota mi presencia. ¡La mujer invisible! Si acaso,
la gente amable me mira con lástima. La cobarde del espejo
también me tiene lástima: «Pobre Abeer... qué desastre tu
vida, Abeer»... En un buen día finjo que no me importa. Me
hago pasar por la mujer más *sexy* allá afuera. Pero ¿a quién
engaño? Cada vez que abro una revista y veo la foto de una
mujer me doy asco. Cada vez que me encuentro a una pareja
tomada de la mano me siento como una intrusa, un mero
parásito, y me pregunto: ¿qué me hizo llegar hasta aquí?
¿Por qué nací? ¿Cuál es el propósito de mi vida? He pensado

en el suicidio cien veces y cien veces he decidido vivir, seguir sufriendo y comiendo. Una vez soñé que era un globo que se inflaba cada vez más hasta que estallaba y mis lágrimas llovían sobre el mundo entero. Un sueño muy extraño, sobre todo porque no soy capaz de llorar. Cuando era niña me llevaron a un doctor; me examinó y dijo que no tenía glándulas lagrimales. Otro día soñé que mis muslos estaban unidos con pegamento y ya no podía caminar. Ahora que lo pienso, esa situación no resulta tan improbable... (*Ríe burlona.*) ¿Sabe cuál es mi mayor anhelo en el mundo?

EL HOMBRE
¿Cuál?

ABEER
Que un hombre me mire con deseo a las espaldas de su esposa; que la vendedora no se avergüence cuando me dice que no tienen nada de mi talla en toda la tienda; que un hombre intente seducirme cuando salgo con mis amigas...; que cualquiera me pida mi teléfono.

EL HOMBRE
¿Se siente más segura aquí que allá afuera?

ABEER
No mencione más esa retórica del interior y el exterior. Es un adulto, ¿todavía cree en los cuentos de ogros y casas embrujadas? El mundo entero es una casa embrujada. ¿Quién está adentro y quién afuera? ¿Quién le dijo que usted no está adentro y que nosotras somos quienes lo miramos desde afuera? Nos han engañado a todos, voluntariamente. Un rebaño de ovejas, peces en un acuario, actores de una vida que no es propia. Lo peor es que nadie nos observa ni alienta.

Estoy enjaulada. Ellas están enjauladas. Usted también está en una jaula. Podemos contarlas: la jaula de la religión, de la política, del sexo, del dinero...

LAMA (*se une*)
Del amor, de las tradiciones, de las mentiras, del miedo...

YARA (*se une*)
De la vergüenza, del lenguaje, de la avaricia, de la curiosidad...

ZEINA (*se une*)
De la edad, de la belleza, del ego, de las apariencias...

HIBA (*se une*)
De la debilidad, de la fuerza, de la soledad, del poder...

EL HOMBRE (*las interrumpe furioso*)
¡Cállense! ¡Todas! ¡Ya me perdí! Ahora, recuérdenme, ¿quién era la lesbiana?

LAS CINCO MUJERES AL UNÍSONO
Soy yo.

EL HOMBRE (*sarcástico*)
Sí, claro. Y ¿quién era la solterona?

ABEER
Soy yo.

YARA
Yo también.

HIBA

Y la puta es solterona, y la lesbiana es *niqabi*, y la *niqabi* es una puta. Yara es Abeer, Abeer es Lama, Lama es Zeina, y Zeina soy yo... Todas somos una mujer. Usted ve cinco, pero en realidad somos una. Y somos diez, somos cien, somos un millón: un millón de rostros y cuerpos con un mismo dolor. Un dolor que emana de este útero sobre nuestros muslos; este útero por el cual nos castiga, porque nosotras lo tenemos y usted no.

ZEINA

En la antigüedad, las reinas gobernaban el mundo. Incluso Dios era mujer. Toda la humanidad solía arrodillarse frente a la vulva sagrada. Y el mundo estaba bien. Ustedes conspiraron hasta que hicieron de Dios un hombre. Mataron al resto de los dioses y conservaron a uno solo. Y desde entonces comenzaron a inventar vías para controlarnos. Construyeron jaulas y nos encerraron. Demasiada opresión e injusticia. Ha llegado el momento de escapar y confrontarlos.

Todos los proyectores se apagan al mismo tiempo. El vídeo también se detiene. La oscuridad y el silencio dominan la escena algunos segundos. Luego el vídeo se vuelve a poner en marcha con la línea recta de un monitor cardíaco. Se escucha el pitido continuo característico de un corazón sin vida. Después, poco a poco, las pulsaciones regresan y el corazón late otra vez en la pantalla. Se escuchan latidos acompañados de un pitido intermitente, el cual aumenta su volumen y velocidad de manera gradual.

El proyector se dirige al centro del escenario, donde EL HOMBRE *está quieto, y se vuelve a encender. Las cinco mujeres se levantan, desatan las cuerdas de las que cuelgan las puertas y las empujan violentamente al suelo. (Se escucha el golpe al caer.) Las mujeres pasan sobre las rejas y caminan hacia* EL HOMBRE*. Lo encierran en un círculo.*

El vídeo del monitor cardíaco se apaga. Las mujeres se toman de las manos y comienzan a bailar y cantar alrededor del HOMBRE.

EL HOMBRE *se sienta en el suelo y coloca su cabeza entre sus manos. Las mujeres se detienen. Cada una se dirige a su respectiva puerta en el suelo y, sin dejar de cantar, las levantan y las llevan al lado izquierdo del escenario. Las colocan para formar una jaula de cinco lados y dejan el quinto abierto.*

Un telón desciende del techo y divide el escenario en dos. Las mujeres y EL HOMBRE *permanecen en la parte frontal. En la parte posterior, invisibles al público, dos operadores cambian la escenografía rápidamente para preparar el segundo acto. Se llevan los bancos y colocan el sofá, el sillón y la mesa de centro en sus respectivos lugares. También colocan una escoba y algunos productos de limpieza en una esquina. En la pantalla se inicia la proyección del vídeo del segundo acto, sin sonido.*

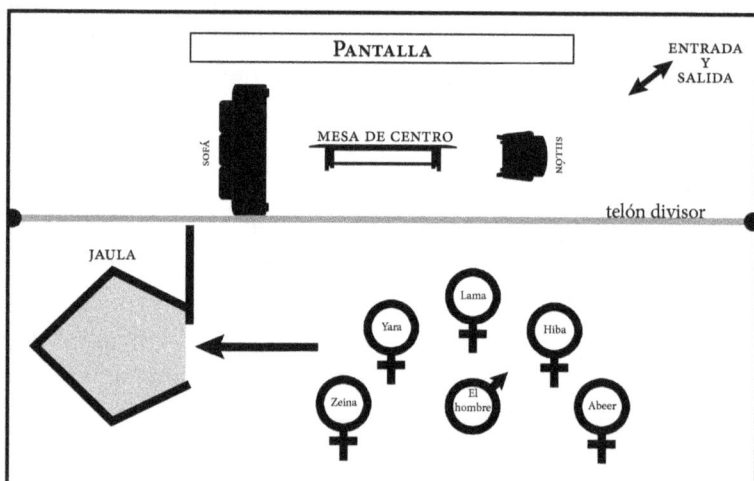

Mientras tanto, en la parte frontal y visible del escenario, las cinco mujeres llevan al HOMBRE *al interior de la jaula. El sonido de sus*

tacones retumba a cada paso con un ritmo regular, como de marcha militar. Zeina *se quita el velo y envuelve la cabeza del* hombre *con él y luego coloca la última puerta para cerrar la jaula.* El hombre *ahora está cautivo. Se escucha el sonido de cinco cerrojos cerrarse al unísono.*

Las cinco mujeres salen del escenario. El volumen de su canto disminuye y desaparece por completo. La mujer que interpreta a la esposa en el segundo acto se acomoda en su lugar en el sofá. El telón divisorio se levanta. El escenario entero está iluminado. Comienza el segundo acto.

Acto segundo

Personajes

El esposo
La esposa
La hija
Sawsan, amiga de la hija

Escenografía

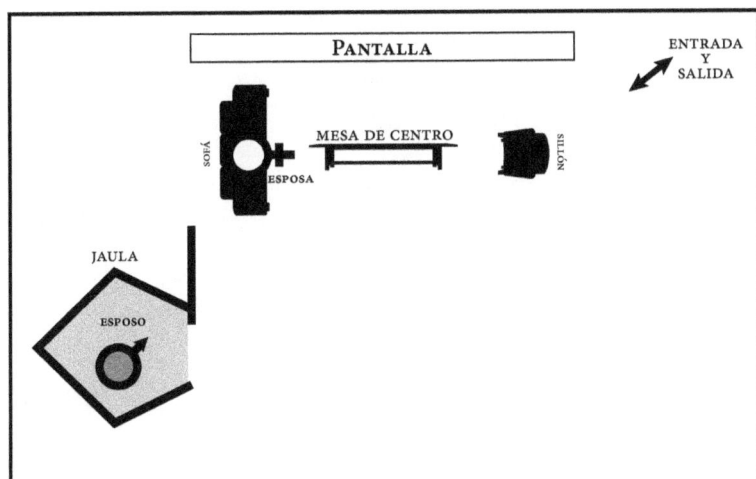

La decoración es parecida a la de una sala de una casa. La mujer (LA ESPOSA) está sentada en el sofá del lado izquierdo del escenario, sus pies descansan sobre la mesa frente a ella. LA ESPOSA sostiene un mando a distancia entre sus manos y mira la televisión. (La pantalla del fondo.) Las escenas proyectadas en la pantalla consisten exclusivamente en imágenes de hombres, ya sea en pasarelas, semidesnudos mientras venden distintos productos o en poses atractivas. El sonido está apagado. El hombre con el velo (EL ESPOSO) está inmóvil dentro de la jaula.

El hombre desliza la puerta frontal de la jaula hacia la izquierda y entra en la sala. Toma la escoba y los productos de limpieza de la esquina y comienza a moverse alrededor de la mujer mientras hace labores domésticas simples. Primero quita el polvo de la mesa, lo cual claramente molesta a la mujer, ya que debe levantar sus pies unos segundos. Su cabeza mira hacia abajo y trabaja en absoluto silencio.

De pronto, una joven (su HIJA*) entra en la escena desde el lado derecho del escenario.*

HIJA

¡Buenos días, mamá! (*Luego a su padre.*) ¿Cómo estás, papá? ¿Qué nos hiciste de comer hoy?

ESPOSA (*sarcástica*)

Dudo que a eso se le pueda llamar comida.

ESPOSO

Bienvenida a casa, cariño. Hay estofado de ayer, apenas lo tocaste.

ESPOSA

¿Por qué crees que apenas lo tocó, genio?

La hija *deja su bolsa en la mesa y se sienta en el sillón situado de frente a su madre.* El esposo *continúa barriendo el suelo.*

Esposa (*a* hija)
    ¿Qué tal tu día, amor?

Hija
    Largo y molesto, la verdad.

Esposa
    ¿Por qué? ¿Qué pasó?

Hija
    Nabil, el secretario, dijo que la señora Liliane lo acosa sexualmente y al parecer pretende demandarla. Todas en la oficina están furiosas.

Esposa
    ¿Qué? ¿De verdad? ¿Qué pasa con los secretarios hoy en día? En mis tiempos se morían por un poco de nuestra atención o por sentir nuestras manos acariciar sus traseros... Además, Nabil debería sentirse agradecido. Es un tipo mediocre, y tan gordo como un cerdo. ¿Por qué la señora Liliane le haría caso precisamente a él? Puede tener a todos los hombres que quiera; una mujer con tanta riqueza, belleza y tan buena posición.

Esposo (*a* hija)
    ¿Te preparo algo de cenar, mi amor?

Hija (*sin responder a su padre, continúa la conversación con su madre*)
    ¿Te imaginas que en verdad...?

Un teléfono suena e interrumpe a LA HIJA, *quien saca un teléfono de su bolsa, mira el número y se molesta. Deja el teléfono sobre la mesa. El teléfono móvil suena varias veces y luego para.*

ESPOSA

¿Y eso? ¿Por qué no contestaste?

HIJA

Es Rami. ¡Qué neurótico! Me acosté con él dos veces y ya quiere hablar de matrimonio. Fui su primera vez, ¿y qué? ¿Solo por eso estoy obligada a hacerme responsable de él para siempre?

ESPOSA

¿No te lo dije una y otra vez? Aléjate de los chicos buenos. De inmediato piensan en compromiso y familia. Vaya dolor de cabeza. Para jugar están los hombres fáciles.

ESPOSO (*se dirige de nuevo a* LA HIJA)

¿Qué quieres de comer, mi amor? ¿Necesitas algo?

HIJA

No, papá. El estofado no me apetece. En un rato iré a comer algo con Sawsan.

Suena el timbre. LA HIJA *se levanta de un salto.*

HIJA

Seguro que es Sawsan. ¡Hablando de la reina de Roma!

Una mujer joven aparece por el lado derecho del escenario. Es SAWSAN, *la amiga de* LA HIJA. *Se saludan con un beso.*

SAWSAN

¡Buenas tardes, tía! ¡Hola, tío!

ESPOSA

Hola, Soussou.

ESPOSO

Bienvenida, linda. Siéntate, por favor.

SAWSAN *se sienta en el sillón situado frente a* LA ESPOSA *y* LA HIJA *se sienta en el sofá que está a la izquierda de su madre.* LA HIJA *se entretiene con su teléfono mientras* SAWSAN *y* LA ESPOSA *inician una conversación casual.* EL ESPOSO *sigue trabajando.*

ESPOSA (*a* SAWSAN)

¿Qué hay de nuevo? Dime, ¿qué se siente al estar comprometida?

SAWSAN

Ay, ni me lo recuerdes.

ESPOSA

Oh, ¿de verdad? ¿Tienes dudas? Es demasiado pronto para eso; apenas te comprometiste hace dos meses.

SAWSAN

Bueno, pues ya me estoy arrepintiendo. Siento que apresuré las cosas. Ha comenzado a hacer berrinches por cualquier estupidez. Ayer me aplicó la ley del hielo toda la tarde, ¿te imaginas? Y solo porque me vio mirando a otro hombre. Dijo que herí sus sentimientos. Pero no puedo controlar mis ojos. Entiendo toda esa mierda de la lealtad y la fidelidad, pero ¿ni siquiera tengo permitido mirar?

ESPOSA (*sarcástica*)

¿No sabes cómo hacerlo sin que te descubran? Es la primera lección en el manual del matrimonio, querida.

SAWSAN

Sí, lo sé. Pero a veces los ojos deambulan de manera involuntaria. O sea, hay tantos chicos *sexys* allá afuera. ¡Se pasean a nuestro alrededor como caballos! El que se sentó frente a mí ayer era un arma de destrucción masiva. Tan sabroso. Hubiera sido un crimen no mirar.

ESPOSO

¡No, cariño! Sé amable con tu prometido. Tienes que hacer que se sienta como el hombre más importante en tu vida.

ESPOSA (*imita al* ESPOSO, *burlona*)

«Tienes que hacer que se sienta como el hombre más importante en tu vida». (*Con desprecio.*) ¿Quién pidió tu opinión? ¡Tú y tus ideas pasadas de moda! (*A* SAWSAN.) Olvida toda esta mierda de ser amable. Tienes que imponerte desde el principio o se te va a subir a la espalda y nunca te va a soltar.

SAWSAN

Honestamente, siento que me sofoca. Por fin entendí a todas las mujeres que se quejan de comer el mismo platillo todos los días.

ESPOSA (*riendo*)

¡Cierto! A decir verdad, no sé qué te picó. Eres demasiado joven para casarte. ¡Sal y diviértete!

SAWSAN

Lo peor es que desde el día del compromiso ha subido cinco kilos. Me da vergüenza salir con él. Si esto está pasando ahora, ¿cómo será después de casarnos?

ESPOSA

¿Y qué? ¡Solo dile que necesita perder algunos kilos!

SAWSAN

Ya se lo dije, pero no puede evitarlo. Según él, esto es una compulsión y es culpa mía porque hago que se sienta miserable. ¡Todo un rey del drama!

HIJA

¡Vamos, Soussou! Debemos irnos. Las chicas nos están esperando en el club de *striptease*. (*Señala su teléfono mientras habla.*)

ESPOSA

¿Vais a salir?

HIJA

Sí. Soussou claramente necesita un respiro y hemos escuchado que hay un nuevo antro en el centro con rusos y ucranianos deliciosos. Me pareció divertido salir a ver el *show* y tomar unos tragos.

ESPOSA (*a* SAWSAN, *riendo*)

Ya veo, te mueres por probar un platillo distinto, ¿verdad, traviesa?

SAWSAN (*astuta*)

Ay, no, no, de verdad. Son solo aperitivos. ¡No cuentan!

La hija y Sawsan *se levantan y se dirigen a la salida situada en el lado derecho del escenario.*

Hija
Buenas noches. No me esperéis levantados, voy a llegar tarde.

Esposo (*cariñoso, a su* hija)
Ten cuidado, mi amor. No bebas mucho.

Esposa (*tan pronto como las jóvenes salen, saca algunos billetes de su bolsillo y se dirige a su* esposo)
Toma este dinero para hacer las compras mañana. Y prepáranos algo decente de comer. Pero no te atrevas a salir con esos pantalones de mezclilla apretados que te pusiste la última vez. Si sales así te rompo las costillas, ¿entendido?

De pronto, los hombres atractivos desaparecen de la pantalla. La esposa *toma el mando a distancia y sube el volumen de la televisión. Se escucha la música del noticiero de última hora. Un reportero aparece y dice:*

La epidemia de violencia conyugal ataca de nuevo. Su víctima más reciente es el joven Afif Bader, quien hace unos instantes fue internado en la unidad de cuidados intensivos del Hospital Nuestra Señora de la Paz tras ser golpeado ferozmente por su esposa. La esposa asumió la culpa, pero justificó sus acciones al decir que vio a su esposo bromeando de manera imprudente con la vecina. En cuanto la noticia se dio a conocer, muchas organizaciones de la sociedad civil dedicadas a combatir la violencia contra los hombres decidieron organizar una manifestación a gran escala para protestar contra los...

Esposa (*baja el volumen*)

¡Ash! No quiero más de esta mierda, por favor. Siempre montan un escándalo por nada. Estas historias de abuso conyugal son tan aburridas... Sí, una esposa cachetea a su esposo de vez en cuando, ¿y qué? ¿Por eso quieren hacer una manifestación? ¡Buena suerte! Deberían ocuparse con algo útil.

Esposo (*cauteloso*)

Pero...

Esposa (*lo interrumpe mientras se levanta*)

¡Sin peros! ¡Como si el único problema del país fueran los derechos de los hombres! Hasta la paciencia tiene un límite, ¿sabes? ¡Todavía no puedo creer que tu hermano se haya atrevido a pedir el divorcio solo porque su esposa se casó con un segundo esposo! Ya es suficiente. No tengo tiempo para oírte chillar. Tengo una partida de póquer en la casa de la vecina. No olvides fregar los platos antes de irte a dormir; ya sabes que no soporto ver la cocina hecha un desastre.

Esposo

Espera un momento, por favor.

Esposa (*se gira hacia a él y habla en tono severo*)

¿Qué? ¿Ahora qué quieres?

Esposo

Tengo algo urgente que decirte.

Esposa

Bueno, pues dilo ya. Me están esperando.

EL ESPOSO (*saca una pequeña pistola de su bolsillo y le dispara directo al corazón. El disparo provoca un eco que retumba en el teatro. Cae al suelo, muerta. Habla en voz baja*)

Ya. Terminé de hablar. Puedes irte ahora. No querrás llegar tarde, cariño. (*Contempla el cuerpo sin vida de la mujer durante algunos segundos. Después gira, se quita el velo y lo deja caer al suelo, y habla, en un trance cuya intensidad aumenta gradualmente.*) Estoy en una jaula. Ella está en una jaula. Todos estamos enjaulados. La jaula de la religión. De la política. Del sexo. Del dinero. Del amor. De las tradiciones. De las mentiras. Del miedo. De la vergüenza. Del lenguaje. De la avaricia. De la curiosidad. De la edad. De la belleza. Del ego. De las apariencias. De la debilidad. De la fuerza. De la soledad. Del poder.

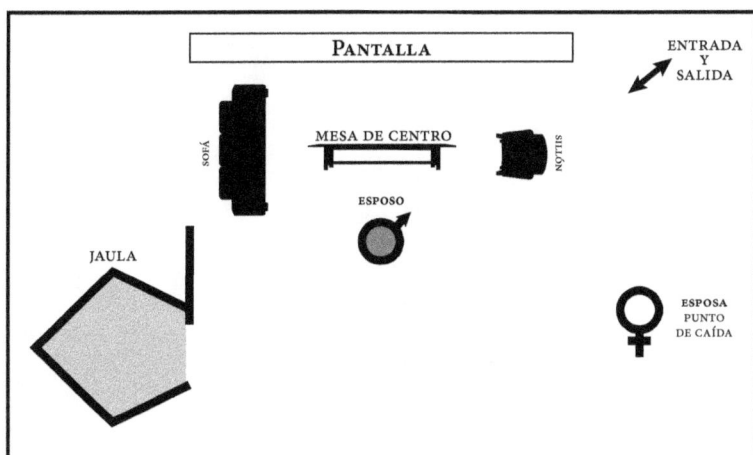

PANTALLA

ENTRADA Y SALIDA

SOFÁ

MESA DE CENTRO

SILLÓN

ESPOSO

JAULA

ESPOSA PUNTO DE CAÍDA

Nos movemos de jaula en jaula, eternamente atrapados en el círculo que comienza en el útero y termina en el ataúd. ¿No será este el momento de salir?

TELÓN

Índice

www.ingramcontent.com/pod-product-compliance
Lightning Source LLC
Chambersburg PA
CBHW021635270326
41931CB00008B/1031